# MÉMOIRE

## SUR LA NÉCESSITÉ ET SUR LES AVANTAGES

### DE LA

## COLONISATION D'ALGER.

La perte de nos colonies avait été prévue il y a bien des années ; on peut lire, à ce sujet, un Mémoire de M. de Talleyrand, imprimé il y a près de 40 ans, parmi ceux de l'Institut. Non-seulement il a prédit la perte de nos colonies américaines, mais il indique encore la nécessité d'en établir une nouvelle plus rapprochée, sur les côtes occidentales de l'Afrique.

Les prédictions de M. de Talleyrand se réalisent ; seulement, c'est sur la côte septentrionale de l'Afrique, plus rapprochée encore, et mieux placée sous tous les rapports, que se forme la nouvelle colonie française ; c'est sur le sol fertile qui borde la Méditerranée, au pied de l'Atlas, et qui compose le territoire d'Alger.

Depuis que le gouvernement s'est prononcé sur la conservation de la régence ; depuis qu'une administration régulière est établie, et que l'organisation de la justice y protége tous les intérêts, la colonisation marche d'un pas plus assuré, et par elle la civilisation pénètre sur le sol africain.

Les tribus voisines, maintenant amies, fortes de la protection française, peuvent être parcourues avec sécurité.

Des acquisitions multipliées y ont conduit des cultivateurs européens, qui se mêlent aux Arabes dans le massif d'Alger, et dans la plaine de la Mitidja, pour exploiter une terre fertile.

D'heureux essais ont été faits sur la culture du coton, de l'indigo, et sur l'éducation de la cochenille. L'olivier et le mûrier y croissent en abondance. Les troupeaux peuvent s'y multiplier, et l'on peut raisonnablement espérer d'en retirer du sucre, du café et d'autres productions utiles.

Nos ateliers attendent de ce sol fertile la soie et les laines dont la France ne peut suffisamment approvisionner nos manufactures, et le coton dont la consommation est si grande, et qui nous rend tributaires de contrées étrangères.

Un vaste débouché va s'ouvrir à notre commerce, et déjà en 1834, les importations se sont élevées dans la colonie à plus de 8 millions et demi, bien que la colonisation ait à peine commencé.

Le trésor public, qui a retiré de la colonie trois millions sept cent mille francs pendant l'année qui vient de s'écouler, sera dédommagé de ses dépenses.

Des compagnies s'organisent, soit pour faciliter les communications entre Marseille et Alger, soit pour augmenter la population agricole.

Pourquoi faut-il qu'à chaque discussion du budget, des doutes émis sur la colonisation viennent décourager les colons, paralyser leurs efforts, et retarder l'époque où le trésor aura recouvré ses avances?

Conçoit-on une entreprise plus glorieuse, plus avantageuse à notre industrie et à la France entière? Que sont les canaux, les chemins de fer si utiles cependant, comparés à la colonisation d'une contrée immense, fertile et rapprochée de nous?

Il serait à désirer qu'une mesure législative fît cesser cette funeste incertitude, que la discussion du budget ramène chaque année.

Peut-être n'a-t-on pas assez médité sur la nécessité de la colonisation et sur ses avantages: ces deux questions, les plus importantes de celles que soulève l'occupation de la régence, vont former le sujet de ce Mémoire. D'autres points ont été traités dans divers écrits publiés sur Alger.

C'est dans le Mémoire de M. François Lacrouts, président du tribunal de commerce d'Alger, que l'on peut puiser les notions les plus exactes sur le commerce de la colonie et sur les frais du gouvernement, pendant les quatre années qui viennent de s'écouler. Tout y est indiqué par des chiffres : le nombre de bâtimens entrés et sortis, leur tonnage, et les nations auxquelles ils appartiennent ; la quantité, les qualités et le prix des marchandises importées et exportées; toutes les dépenses et les recettes du gouvernement y sont établies comme dans un compte courant, à la manière des négocians.

### NÉCESSITÉ DE LA COLONISATION.

Si dans le but de réduire les dépenses, on renonçait à protéger la colonisation intérieure, et que l'on se bornât à occuper des positions militaires ; quelles en seraient les conséquences inévitables ?

Les voici :

Les tribus amies, ne pouvant plus compter sur la protection française, seraient forcées par les tribus ennemies de reprendre les armes et de s'unir à elles. Elles ne pourraient résister aux Kabiles et à la tribu des Hadjoutes, et d'ailleurs elles n'auraient plus de motifs de s'en séparer.

Un premier résultat serait l'accroissement en nombre de nos ennemis, devenus plus hardis par une retraite qui ne serait à leurs yeux qu'un témoignage de crainte et de faiblesse, et la perte de nos alliés : perte qui serait sans retour, car ils ne s'exposeraient pas à être trompés une seconde fois par des Chrétiens.

Nos troupes, cernées dans leurs positions, serrées de près, harcelées sans cesse, seraient exposées à des luttes continuelles, à des pertes multipliées et à des privations.

Que par suite de ces privations, de cette concentration dans un espace resserré, de l'influence du climat, de l'abattement moral, une épidémie se développe parmi nos soldats, ils succomberont aux maladies rendues plus meurtrières par le climat, ou sous les coups répétés des Arabes. Qu'on se rappelle les ravages funestes produits par l'épidémie de Saint-Domingue, dans l'armée du général Leclerc.

S'ils résistent jusqu'à la première guerre maritime, car on ne peut se flatter d'une paix éternelle, les Arabes recevront des armes de nos ennemis, si déjà ils n'en reçoivent secrètement de quelque puissance jalouse; ils se montreront d'autant plus redoutables que nos soldats pourront être moins secourus; il n'y aura qu'un parti à prendre, celui d'une retraite honteuse, si elle est possible; il faudra fuir pour toujours cette terre fertile qui offrait de si belles, de si glorieuses espérances.

Voilà l'avenir que préparerait l'abandon de la colonisation! qui oserait assurer que ces tristes résultats sont impossibles? ne doit-on pas penser, au contraire, que plus on tarde à créer une colonie puissante et protectrice, plus on expose nos garnisons d'Afrique.

Quelles difficultés peut donc présenter la colonisation? tout semble, au contraire, la rendre facile.

Depuis nos révolutions, une activité nouvelle agite les esprits. Un besoin semble se faire sentir pour satisfaire aux ambitions qui ne peuvent trouver place dans les emplois, ni dans l'industrie, où la foule se précipite. Il faut à l'ardeur inquiète de notre population, quelque chose qui l'occupe, qui l'apaise et calme la sollicitude du gouvernement.

Une voie glorieuse et utile lui est ouverte par la colonisation. Une terre fertile offre des espérances fondées de fortune. Des milliers de propriétaires, de colons trouveront un champ libre et prêt à répondre à leurs espérances. Ils prépareront à notre industrie les matières précieuses que nous transmettent, au prix de l'or, des contrées éloignées.

Ce trop plein de notre population qui, refluant sans cesse dans nos cités, s'y presse, y cause des mouvemens tumultueux, se versera de lui-même dans la nouvelle colonie.

Les familles qui s'expatrient chaque année, qui se confient aux hasards d'une navigation longue, coûteuse et incertaine, arriveront en peu de jours, dans ces plaines fertiles qui se prêteront longtems à un accroissement de population.

Ainsi se réunira cette population nouvelle, dans un rayon sagement mesuré, sur lequel s'étendra la protection d'une administration puissante et réglée.

La colonie, accrue chaque année, s'organisera pour la défense de ses terres fertilisées, aidée qu'elle sera d'abord par quelques bataillons dont le nombre pourra être successivement diminué. Nos soldats, libres au milieu d'une population française, pourvus de tout en abondance, pourront sans crainte se livrer à des travaux d'utilité publique, élever des monumens, tracer des routes, et les protéger par des points de défense confiés à la population.

S'il est un tems favorable à cette belle œuvre, qui demandera des années sans doute pour être complète et assurée, c'est celui où une paix qui paraît durable, éloigne toute crainte de plus sérieuses difficultés.

Que le gouvernement fasse cesser les doutes sur la colonisation, qu'il livre aux passagers les places vides de ses bâtimens, qu'il évite d'imposer les objets de première nécessité, il verra une foule de colons accourir, et l'aider à compléter une œuvre la plus glorieuse qui puisse illustrer un règne et une nation.

La colonie prospère, puissante par ses seuls efforts, n'aura rien à craindre de l'avenir ; elle prêtera sa force à la métropole et l'enrichira de ses produits.

Nous avons donc eu raison de dire que la colonisation est une nécessité.

### AVANTAGES DE LA COLONISATION.

On sait que le sol et le climat de la régence sont favorables à la production des matières que notre industrie et nos besoins réclament.

Parmi ces nombreux produits, les plus généralement utiles sont la soie, le coton et la laine qui, mis en œuvre dans nos ateliers, donnent l'existence à notre population ouvrière, animent nos cités, accroissent les fortunes privées et la fortune publique.

Les tissus de coton sont une source de richesses pour ceux des départemens où ils se fabriquent. La France reçoit et consomme annuellement du coton pour une somme de 80 millions.

Une grande partie vient d'Amérique, à un prix élevé par la distance, par les frais de bâtimens et l'entretien des équipages, et par les chances défavorables attachées à une longue navigation.

Le haut prix de la matière première élève celui des tissus confectionnés dans nos manufactures, et empêche qu'ils puissent soutenir la concurrence des tissus étrangers.

Alger, qui a reçu, en 1834, pour 2,564,000 fr. de tissus de coton, n'en a retiré de France que pour 264,000 fr., tandis que l'étranger lui en a fourni pour 2,300,000 fr., c'est-à-dire dix fois plus, à peu près.

Si la matière première était moins chère, et que nous pussions livrer nos tissus au même prix, et qu'un léger droit fût perçu sur les cotons étrangers, tout l'avantage serait pour nous.

Le coton, que nos colons cultivent déjà en grand avec succès, sous le double rapport de la quantité et de la qualité, nous arrivera en quelques jours et à peu de frais, de la régence.

Alors nous aurons pour premier bénéfice la valeur de la matière première, moins les frais d'exploitation. En second lieu, le bas prix de la matière abaisserait celui des tissus qui paraîtraient avec avantage sur les marchés étrangers; notre commerce prendrait, sous ce rapport, un accroissement considérable.

Voilà des avantages qui ne peuvent être contestés; il en est un autre bien digne d'attention.

Quelque fondées que soient nos espérances de paix, il ne nous est pas donné d'en calculer la durée. Il est sage de prévoir les choses à venir, et les désastres passés nous en imposent le devoir.

Qu'une guerre maritime éclate quelque jour, la matière première manquera à nos manufactures et à la consommation. S'il en arrive de petites quantités, ce ne sera, comme par le passé, qu'à des prix excessifs. Que deviendront alors nos manufactures et ces milliers d'ouvriers sans travail et sans moyens d'existence ? Qui peut calculer les pertes qu'éprouveraient nos villes manufacturières et les sacrifices des consommateurs ?

Que la colonisation ait lieu, les graves inconvéniens que nous venons de signaler disparaissent.

Lorsque la récolte du coton sera abondante dans notre colonie d'Afrique, rien n'empêchera que de nombreux bateaux à vapeur ne sillonnent la Méditerranée où ils sont appelés à jouer un grand rôle, et n'établissent des communications faciles entre Alger et Marseille. Une flotte, quelque formidable qu'elle soit, est réduite à l'impuissance par des vents contraires ou calmes.

Nos fabriques de tissus recevront cette matière première ; elles resteront ouvertes. La population ouvrière continuera à être occupée ; elle ne sera plus exposée à cette extrême misère dont une guerre maritime la menacerait. Le consommateur se procurera des vêtemens à plus bas prix ; le commerce qu'effraye avec raison le seul bruit de guerre, recouvrera son indépendance et sa sécurité.

Ajoutez à ces considérations que l'Afrique sera, dans tous les tems, pour tous les genres de commerce, un nouveau débouché qui s'étendra et avec la population et aux tribus avec lesquelles les échanges se multiplieront. Les importations dans la régence qui ont dépassé, en 1834, la somme de 8 millions, commencent à réaliser nos espérances.

Les matières importées consistent principalement en objets de quincaillerie, de mercerie, en tissus de fil, de soie, de laine et de coton ; ainsi les diverses branches de commerce sont intéressées à la colonisation. L'agriculture l'est aussi, spécialement les départemens où la vigne est cultivée, puisqu'en 1834 il a été importé dans la régence trois millions sept cent mille litres de vin et d'eau-de-vie : voilà de part et d'autre des moyens d'échange.

Ce que nous avons dit à l'égard du coton est, en grande partie, applicable à la soie.

La soie, produite par nos départemens méridionaux, est loin de suffire à nos besoins ; Lyon seul en reçoit, chaque année, du Piémont pour une somme de 20 millions, et d'autres contrées en fournissent encore à la France.

On sait que, depuis quelques années, la Compagnie des Indes a fait planter dans ses colonies plus de 20 millions de pieds de mûriers. N'est-il pas vrai que si elle parvient à fournir aux fabriques étrangères, qui se multiplient, cette matière première à des prix inférieurs, notre fabrique ne pourra supporter la concurrence, et que c'en est fait de son avenir?

Lyon, actuellement riche par son commerce de soieries, Lyon, qui exporte annuellement pour 90 millions d'étoffes de soie, est plus menacée qu'on ne le pense de perdre sa principale industrie. Saint-Étienne, Nîmes, et plusieurs autres villes, subiraient le même sort.

Ce fait mérite une sérieuse attention.

Il ne faut pas se le dissimuler : le commerce anglais, si puissant par ses capitaux, tend à opérer, dans ses intérêts, une grande révolution dans l'industrie ; il est bien secondé par sa marine et par ses colonies.

Nous ne connaissons que la colonisation de la régence qui puisse garantir nos cités de cette ruine dont elles sont menacées. De grandes plantations de mûriers pourraient être faites dans son sol fertile, afin que nos fabriques, alimentées, pussent soutenir avantageusement la concurrence étrangère. Il serait de l'intérêt du gouvernement de favoriser ces plantations par des primes d'encouragement.

L'Afrique ne serait pas seulement une source de vie pour nos fabriques par ses soies, elle offrirait encore une vaste étendue à la consommation de nos étoffes ; et, en cas de guerre, elle serait un débouché qui assurerait l'existence de nos manufactures, et, ainsi que nous l'avons dit, le commerce cesserait de trembler au seul mot de guerre.

La soie sera donc, comme le coton, une source de prospérité pour l'industrie française, et une source de fortune pour une colonie qui s'offre près de nous entre la Méditerranée, l'Atlas et d'immenses déserts qui la protégent de toutes parts.

Tout commerce d'échange [ne cessera pas pour cela entre l'Amérique et l'Europe. Les objets que l'Amérique demandera en retour, elle les prendra sur les marchés où elle les trouvera à plus bas prix : dans nos fabriques, si le prix est inférieur; sinon, dans les fabriques étrangères.

Les peuples n'exportent et n'importent pas tous dans la même proportion. L'avantage est en faveur de la nation industrielle qui produit et exporte le plus; c'est le bénéfice qui résulte de l'excès de l'exportation sur l'importation qui fait pencher la balance. Il en est des nations, sous le rapport industriel, comme des individus. Le plus grand bénéfice est pour celui qui produit et vend le plus, toutes choses égales d'ailleurs.

C'est donc à la production et au bas prix de la matière première que nous devons viser, si nous voulons obtenir la préférence. C'est là tout le secret de cette question d'économie industrielle et politique en même tems.

Ajoutez à ces considérations que les Américains établissent chez eux des manufactures, et qu'un jour ce peuple libre et intelligent se suffira en grande partie ; sachons prévoir les événemens, et gardons-nous de rester en arrière.

D'autres produits, auxquels notre climat n'est pas favorable, peuvent contribuer à enrichir la colonie et la métropole. On peut aisément leur appliquer le raisonnement que nous avons fait au sujet des deux matières les plus utiles et les plus précieuses.

Toutefois, il est un produit très-important par sa grande consommation que nous ne devons pas passer sous silence, c'est l'huile d'olives ; la France en reçoit annuellement de diverses contrées pour la somme de 30 millions. Ce produit sera l'un des plus précieux. Déjà l'année dernière, il en a été exporté de la régence pour 1,500,000 fr. ; aussi 27,000 pieds d'oliviers ont-ils été greffés depuis un an.

Afin d'abréger notre travail, nous ne ferons aucune réflexion sur la laine que d'immenses troupeaux pourront produire, sur l'indigo, la cochenille, le sucre, le café, et autres matières, qui seront autant de moyens d'échange et de sources de richesses.

Pour donner une idée de l'accroissement progressif du commerce de la colonie, nous nous bornerons à citer deux exemples. En 1832, l'exportation des huiles a été d'une valeur de 382,637 f. ; elle a été, en 1833, de 593,090 f.; elle s'est élevée, en 1834, à la valeur de 1,527,934 f.

L'exportation des laines a été, en 1832, d'une valeur de 2,267 f.; en 1833, de 21,568 f. ; en 1834, cette exportation a été de 220,221 f. Cet accroissement extraordinaire dépasse toutes les espérances que l'on avait pu concevoir, et laisse entrevoir l'avenir brillant de la nouvelle colonie.

Ce serait une grande erreur de penser que les indigènes s'isolent entièrement des colons ; ils participent au mouvement progressif de la colonie et à ses avantages commerciaux par des échanges faits soit dans les marchés qu'ils fréquentent journellement, soit par leur petite marine ; et ils contractent de nouveaux besoins.

Bien des personnes, qui n'ont pas des données positives sur les dépenses et les recettes relatives à l'occupation de nos possessions d'Afrique, croient que les frais d'occupation sont exorbitans, qu'ils s'élèvent à 30,000,000 par an ; nous devons détruire cette erreur, dans l'intérêt de la vérité, comme dans l'intérêt de la colonie.

Nous pouvons démontrer que ces frais ne s'élèvent pas à la moitié de cette somme, et que la simple occupation qui anéantirait et les recettes et des valeurs considérables, serait beaucoup plus onéreuse à la France.

Pour apprécier de la manière la plus exacte possible ces frais, examinons les recettes et les dépenses.

Les recettes réalisées par le trésor, en 1834, se sont élevées à la somme de 3,799,260 f. 98 c., savoir : par l'administration des domaines, 633,091 f. 26 c.; par les douanes, 1,391,247 f. 31 c.; par les postes, 66,673 f. 38 c.; par le trésorier payeur, 423,473 f. 14 c.; aux douanes de Marseille, Toulon, Cette, à l'occasion d'Alger, 1,284,775 f. 69 c.

Si l'on fait attention que cette somme n'était que de moitié en 1832, qu'elle a doublé dans l'espace de deux ans, quoique la colonisation ait éprouvé bien des entraves, on peut présumer qu'elle s'accroîtra chaque année, que l'époque n'est peut-être pas bien éloignée où les recettes balanceront les dépenses, et que, plus tard, les revenus de la colonie donneront à l'état la facilité d'alléger les impôts de la métropole.

Il y a donc à déduire des dépenses pour l'année 1834, la somme de 3,799,260 fr. 98 c., qui s'annonce devoir être beaucoup plus forte cette année.

Nous ne parlons pas d'un bénéfice réalisé par le commerce, parce qu'il est étranger au trésor; il résulte de l'importation et de l'exportation des marchandises. L'importation seule s'étant élevée, dans le cours de la même année, à une valeur de 8,560,236 f. 42 c., on peut juger de l'importance du mouvement commercial qui en est résulté.

Nous omettrons également la valeur des propriétés du gouvernement, qui ne sera d'un revenu réel, mais considérable, que lorsque la colonisation sera complète. Le gouvernement est déjà, par ces immenses propriétés, le colon le plus intéressé au succès de la colonie.

Examinons maintenant les dépenses.

Elles se sont élevées, en 1834, à la somme de 22,725,000 f. Le tableau détaillé que nous avons sous les yeux est trop long pour trouver place ici.

Les frais d'administration sont trop peu considérables pour présenter quelque économie digne d'attention ; ils ne s'élèvent qu'à quelques cent mille francs.

Le nombre des troupes affectées au service de nos possessions d'Afrique est, d'après le budget de 1836, de 28,925 hommes.

Dans ce nombre sont compris la légion étrangère, les zouaves et les spahis réguliers et irréguliers, qui ne peuvent être employés ailleurs qu'en Afrique ; quatre compagnies de fusiliers vétérans, six compagnies de canonniers garde-côtes ; six compagnies de discipline et condamnés militaires, de 1,239 hommes, dont la dépense, qui est d'un million et plus, est mise sur le compte des frais d'occupation, et doit être déduite.

Les troupes dont nous venons de parler forment un total de 9,826 hommes, ce qui réduit la force totale des troupes disponibles à 19,099 hommes.

Si sur ce nombre on en fait rentrer 7,000, ainsi que la Commission le propose, ils recevraient leur solde, seraient nourris et entretenus en France. Quelle serait donc l'économie ?

Ils ne pourraient être licenciés, parce qu'ils font partie de l'effectif de notre armée sur pied de paix, qui a été fixé, non par les besoins actuels du pays, mais par la possibilité de passer de l'état de paix à l'état de guerre ; et les troupes ramenées en France resteraient sans emploi. Si la prudence permettait de réduire l'effectif de l'armée sur pied de paix, c'est qu'alors il y aurait plus grande sécurité ; quel inconvénient y aurait-il, dans ce cas, d'employer utilement une si petite portion de l'armée ? N'y aurait-il pas quelqu'avantage à exercer tour à tour nos soldats, comme nos marins ? ils seraient prets au besoin.

Il faut donc déduire des dépenses nécessitées par la colonisation,

1.° la recette faite par le trésor ; 2.° les dépenses nécessitées par la compagnie de discipline et condamnés militaires; 3.° les frais d'entretien, sur pied de paix, de 19,000 hommes disponibles, que l'on peut évaluer à 14 ou 15 millions. D'où il résulte que les frais réels d'occupation n'excèdent pas 5 à 6 millions qui, dans peu d'années, rentreront au trésor; que la valeur que prendront les propriétés de l'état sera un bénéfice réel; enfin, que le mouvement imprimé au commerce accroîtra la somme de l'impôt.

Nous n'avons rien dit de l'impôt territorial que produira, plus tard, le sol fertilisé.

Nous nous résumons.

Si l'on renonçait à coloniser, et que l'on se bornât à l'occupation, voici à quel prix on obtiendrait l'économie de 5 millions que produirait le rappel de 7,000 hommes, en admettant même qu'ils pussent être licenciés.

1.° La recette du trésor, qui dépassera cette année 4 millions, et qui augmente progressivement, serait anéantie pour toujours.

2.° Les propriétés dont notre gouvernement a hérité de l'ancien, par droit de conquête, et que l'on estime à 40 millions, seraient abandonnées.

3.° L'approvisionnement des troupes ne pourrait plus être fait dans la régence à peu de frais.

4.° Les colons, dont les acquisitions ont été garanties par l'enregistrement, seraient dépossédés par un acte du gouvernement.

5.° Le mouvement commercial qui s'opère actuellement sur un capital de plus de 12 millions, serait détruit.

6.° Nos troupes, resserrées dans un espace étroit, seraient exposées à de nombreuses privations, aux maladies et à des attaques continuelles, et l'évacuation de la régence serait une nécessité à une époque indéterminée.

7.° La Méditerranée serait livrée à une puissance maritime déjà maîtresse de Gibraltar, de Malthe et des îles Ionniennes.

8.° L'avenir, qui se présentait sous un si beau jour pour la colonie, pour l'industrie nationale, pour notre puissance maritime et pour la gloire française, ferait place à des souvenirs humilians.

Vainement nous avons cherché l'économie, nous n'avons aperçu que d'immenses, que d'humilians sacrifices.

La colonisation est nécessaire, et nous n'avons jamais cru que le gouvernement eût la pensée de l'abandonner.

Il accomplira donc la colonisation de la régence et la civilisation de l'Afrique, l'œuvre la plus glorieuse qui se soit offerte dans les tems modernes.

Quelques centaines de Kabiles, qui fuient à la vue de peu de troupes, comme une vague animée, ne sont pas même un obstacle digne de la valeur de quelques bataillons français, ainsi que l'a prouvé l'expédition faite par le général Rapatel, à la fin du mois de mars. Avec de la prudence et un peu de fermeté, il est probable qu'ils imiteront bientôt les tribus amies.

Toutefois, nous croyons que l'évacuation de Mostaganem et d'Arsew, si elle peut avoir lieu d'une manière honorable, serait un motif raisonnable d'économie, et faciliterait la colonisation, en permettant de concentrer nos troupes et l'attention du gouvernement sur Alger, Bone, Bougie et Oran.

Les avantages signalés que promet la nouvelle colonie, prédits, en quelque sorte, par l'homme qui a le mieux jugé les événemens de notre siècle, ont été vivement sentis par les Chambres de commerce de Marseille, de Nîmes et de Lyon qui, par suite de leurs délibérations, ont émis au Ministre le vœu de la colonisation, par des adresses spéciales.

Mais, pour que la terre d'Afrique devienne en peu de tems le dépôt de grandes richesses, il est utile que l'ardeur des colons soit secondée par les moyens faciles dont le gouvernement dispose :

1.° Faciliter le passage de la classe pauvre et agricole, pour laquelle la mer est une barrière qu'elle ne peut franchir ; accorder à cette classe les places inutilement perdues sur les vaisseaux de l'état.

2.° Affranchir, pendant quelques années, la colonie naissante des droits qui pèsent sur les objets de première nécessité, dans le but de rendre moins chers la vie et le prix des journées, et de faciliter les travaux les plus utiles.

3.° Créer une colonie militaire, en accordant, comme récompense, aux soldats qui l'ont méritée et qui ont atteint le terme de leur service, une portion des terres du gouvernement; leur permettre de s'accoutumer à la vie de colon; rapporter l'ordonnance, plus que sévère pour nos militaires, qui leur interdit toute acquisition, qui brise les liens qui devraient exister entre eux et les colons, et qui leur rend insupportable le séjour de l'Afrique.

4.° Éviter surtout de mettre chaque année en question la conservation de la colonie, soit par une mesure législative, soit en se prononçant d'une manière solennelle.

*Le Président de la Société des Colons de Lyon,*

TROLLIET.

Lyon, 25 avril 1835.

IMPRIMERIE DE J. M. BARRET.

www.ingramcontent.com/pod-product-compliance
Lightning Source LLC
Chambersburg PA
CBHW061624040426
42450CB00010B/2659